THÉATRE DES VARIÉTÉS.

L'AMOUR,

Qué qu' c'est que ca ?

VAUDEVILLE EN UN ACTE

Par MM. CLAIRVILLE, LAMBERT THIBOUST et DELACOUR

AIRS NOUVEAUX DE M. J. NARGEOT

Représenté, pour la première fois, à Paris, sur le théâtre des VARIÉTÉS, le 6 avril 1853.

PRIX : 60 CENTIMES.

Paris

BECK, LIBRAIRE, RUE DES GRANDS-AUGUSTINS, 20

TRESSE, successeur de J.-N. BARBA, Palais-Royal.

1853

L'AMOUR,

Qué qu' c'est qu' ça ?

VAUDEVILLE EN UN ACTE,

Par MM. CLAIRVILLE, LAMBERT THIBOUST et DELACOUR

AIRS NOUVEAUX DE M. J. NARGEOT,

Représenté, pour la première fois, à Paris, sur le théâtre des VARIÉTÉS, le 6 Avril 1853.

PERSONNAGES.	ACTEURS.
BLÉSINET, meunier	Mlle SCRIWANECK.
PITOU, garçon de moulin	MM. LASSAGNE.
LE PÈRE TOBY, vieux berger	HENRY ALIX.
FRANÇOIS, garçon de moulin	OULIF.
SUZANNE	Mlles POTEL.
ZERLINE	FRÉNEIX.
JACQUELINE	BLANCHE.
Garçons meuniers, Filles de moulin	

Toutes les indications sont prises de la droite et de la gauche du spectateur. Les personnages sont inscrits en tête des scènes dans l'ordre qu'ils occupent au théâtre : Les changements de position sont indiqués par des renvois au bas des pages.

Une salle basse d'un moulin; au fond deux échelles de meunier parallèles et aboutissant à un palier qui conduit dans l'intérieur du moulin, dont on aperçoit une partie par cette ouverture. — Au-dessous de ce palier on voit, par une porte à deux battants qui donne sur la rivière, la roue du moulin qui est arrêtée. Au fond, de chaque côté du palier, une fenêtre; à droite, au premier plan, la porte de la chambre de Blésinet : on monte à cette porte par cinq ou six marches; à gauche, au deuxième plan, la porte qui conduit au dehors; à gauche, premier plan, une grande cheminée rustique, au coin de laquelle il y a un petit balai, près de cette cheminée un vieux fauteuil de paille; à droite, sur le devant, une chaise; deux sacs pleins de grains et un autre sac vide, le sac vide se trouve sous le palier à gauche.

SCÈNE PREMIÈRE.

JACQUELINE, PITOU, FRANÇOIS, GARÇONS MEUNIERS, FILLES DE MOULIN.

(Au lever du rideau, Pitou est couché au milieu du théâtre, la tête appuyée sur un sac de blé.— Jacqueline est assise dans le fauteuil.— François est couché sur les marches de la chambre de Blésinet.— Les garçons meuniers sont étendus sur les échelles du fond et sur le palier.— Les filles sont groupées par terre et couchées dans des positions différentes.)

CHOEUR

Air du *Tic-tac de Marie.*

Dame Suzanne
Perdit son âne,
Et chacun flâne
Dans le moulin.

PITOU.

Je vous informe
De la réforme,
Qui veut qu'on dorme
Soir et matin.
Que l' tic-tac du moulin
Ici s' transforme
En de bruyants rons-rons...
Lorsque nous ronflerons,
Ensemble nous ferons :
Ron, ron, ron, ron!..

CHOEUR.

Que l' tic tac du moulin, etc.

JACQUELINE. C'est-y heureux tout d' même que Martin not' âne *soie* trépassé.

PITOU. Si y n'était pas mort, c'est nous qu' je l' serions dev'nus, morts... y n'y avait pus moyen d'y tenir.

FRANÇOIS. Oh! l' fait est que c'tte mam'selle Suzanne nous en taillait de c'tte besogne!..

PITOU, *se mettant sur son séant.* C'est un salpêtre que c'tte fille-là!.. elle est partout à la fois, à la grange, à la meule, à la roue, à la cave, au grenier... on n' peut passer r'poser un tantinet, sans qu'elle vous appelle : Paresseux! faignant!,. avec ça qu'elle est très-forte!.. ça n' paraît pas, parc' qu'elle est très-petite et toute mignonne... mais elle est très-forte, et pour un rien, j' crois qu'elle vous battrait.

TOUS. Oh! quant à ça!

PITOU, *se levant.* Quoi, quant à ça!.. pas pus tard que l'autr' jour, qu'elle m'a donné un soufflet...

TOUS, *se mettant sur leur séant.* Bah?..

PITOU. Que j'en ai vu trente-six lanternes!.. faut dire aussi que j' l'asticotais... j' voulais voir si elle mordrait à la gaudriole... et tandis qu'elle vannait l' grain, j' me dis : bon, v'là l' vrai moment... ses deux mains sont embarrassées, j' vas lui prendre la taille et l'embrasser, sans qu'elle puisse se défendre... ah! oui ben... j' n'avions pas plutôt saisi son casaquin, qu'elle jette par terre tout c' qu'elle tenait, et qu'elle me flanque une giffle... que la muraille m'en flanque une autre!..

TOUS, *riant et se levant.* Oh! oh! oh!..

PITOU. Oh ça! pour être une vertu, c'est une vertu... conséquente!..

JACQUELINE. Laisse donc... c'est tout bonnement une petite niaise... une ignorante qui ne sait rien de rien... ça travaille comme défunt l'âne Martin, sans penser à autre chose qu'à la besogne... j' suis sûre qu'on lui ferait accroire qu'elle est venue au monde sous un chou. *(On rit.)*

FRANÇOIS. C'est comme l' bourgeois!.. en v'là un de p'tit imbécile!

PITOU. Oh! pour c'lui-là, il rendrait des points à Suzanne!.. Depuis qu'il est devenu l' bourgeois du moulin, l' jour y dort, la nuit y r'dort... c'est une marmotte que c' garçon-là.

JACQUELINE. Il est gentil tout d' même.

PITOU. Gentil! oh! Dieu! si on peut dire. Un meunier pas pus haut qu' ça! c'est p'tiot... c'est grélot!.. c'est... c'est rien du tout, quoi!.. et c'est bête!.. ça n'a pas pour deux yards de subterfuge!..

JACQUELINE. J' cois ben... l'autr' jour, j' disais d'vant lui que l' grand Jérôme avait poursuivi Thérèse dans le p'tit bois... y m'a d'mandé pourquoi?..

TOUS, *riant.* Ah! ah! ah!

PITOU. Eh ben!.. et c'tte fois qu' la p'tite Estelle avait été trouvée à la nuit dans les champs avec Gorju, et qu'on disait à notr' maître que c'était immoral...— Immoral qu'y répond... pourquoi?.. j'y vais ben, moi, dans les champs... même qu'hier j'y suis allé avec l' garde champêtre.

TOUS, *riant.* Ah! ah! ah!..

PITOU. C'est comme la danse... not' maître, que j' l'y dis dimanche dernier, pourquoi qu' vous ne venez pas danser avec nous, histoire de batifoler un brin!..— Batifoler?.. quoi qu' c'est que ça, batifoler?..— Batifoler!.. dame... c'est... c'est batifoler!.. c'est prendre la taille *à une jeunesse. (Il agace Jacqueline qui le repousse.)* Ou ben l' menton... ou ben...— Tais-toi, bêta, qu'y m' dit... bêta, moi?.. tandis que c'est lui...

JACQUELINE. Chut donc!.. s'il t'entendait?.. *(Elle désigne la droite.)*

PITOU. Y dort!.. Quant à mam'selle Suzanne, elle n'est pas encore rentrée.

JACQUELINE. Elle peut rentrer par le moulin.

PITOU. Ça m'est égal... quand j' parle de danse, les mollets m' chatouillent... je n' connais pus rien d'abord!...

Air : *Je n' saurais danser.*

Je suis t'y content,
Quand je m' balance
En cadence,
Je suis t'y content,
Quand je m' balance
En dansant!
Les bras que voilà,
C'est pour travailler, je pense;
Mais les jamb's, oui-dà,
C'est pour danser qu'on les a.

(Dansant sur place.)

ENSEMBLE.

Je suis t'y content, etc.

TOUS, *dansant sur place.*

Qu'on est donc content,
Quand on s' balance
En cadence!
Qu'on est donc content,
Quand on s' balance
En dansant!..

PITOU.

DEUXIÈME COUPLET.

J' peux dir', sans m' vanter,
Que mes jambes
Sont ingambes,
Non, pour me porter,
Mais pour toujours gigotter.
Je suis t'y content, etc.

ENSEMBLE.

TOUS.

Qu'on est donc content, etc.

(Sur cette reprise, ils dansent en rond. Suzanne paraît au fond, sur le palier, et s'arrête en les voyant.)

SCÈNE II.

LES MÊMES, SUZANNE.

SUZANNE. Qu'est-c' que j' vois là?.. (*Elle descend par l'échelle à droite.*)

TOUS, *s'arrêtant* (1). Aïe! aïe! aïe!..

SUZANNE, *arrivée en bas.* Jour du ciel!

Air : *Au galop.*

C'est affreux,
Odieux!
Quand je tourne les yeux,
Jamais notre moulin ne tourne!
Il faut que je séjourne
Et suive tous leurs pas,
Ou le moulin ne tourne pas!
A la fin, c'est trop fort!

PITOU.

Mais, puisque l'âne est mort.

SUZANNE.

Tu le remplaceras ..

PITOU, *parlé.* Moi?..

SUZANNE.

Et ne réplique pas!..
(*Montrant les deux sacs pleins, qu'on a reportés au fond.*)
Vite, monte soudain
Ces deux sacs au moulin.

PITOU.

Mais c'était l'affaire de l'âne.

SUZANNE.

L'âne, aujourd'hui, c'est toi...
Suzanne
Fait la loi...
Paresseux, obéissez-moi!
(*Pitou remonte. — A un meunier, à sa gauche.*)
Allons, toi, gros nigaud,
Va sasser le gruau...
(*A François* (2).
Toi, fais tourner l' moulin...
(*A un autre meunier, à sa gauche.*)
Toi, va battre le grain...
(*Les meuniers remontent. Aux jeunes filles.*)
Et vous, mes belles,
Qui
Ne faites rien ici,
Vite, à l'ouvrage, péronnelles!
Malgré tous vos appas,
On ne vous choisit pas
Pour vous croiser les bras.

ENSEMBLE.

SUZANNE.

C'est affreux,
Odieux! etc.

CHŒUR.

C'est affreux,
Odieux!
Quand elle est en ces lieux,
Où constamment elle séjourne,
Il faut que l' moulin tourne,
Ou sinon, quel fracas,
Quand l' moulin ne tourne pas.

(*Pendant cet ensemble, on a vu François lâcher la roue, et le moulin se mettre à marcher, en faisant entendre son tic-tac. — Pitou charge sur ses épaules un des sacs et monte l'échelle de gauche. — Tous les autres meuniers ont pris des fléaux, des fourches, et disparaissent par les deux échelles du fond, suivis par les jeunes filles; ils sont poussés par Suzanne, qui se multiplie et est partout.*)

SCÈNE III.

SUZANNE, *seule.*

Air du *Tic-tac de Marie.*

Je suis très-bonne,
Mais je ne donne
Droit à personne
D'être indolent.
Monter, descendre,
Tout entreprendre,
Ach'ter ou vendre,
C'est mon talent.
Du moulin le tic-tac
Se fait entendre;
Déjà l'eau fait flic-flac,
Et le moulin tic-tac!
Tic,-tac, tic-tac, tic-tac,
Tic-tac, tic-tac!

(*Pendant le chœur suivant, elle retire un mantelet qu'elle a sur les épaules, met son tablier de travail, qui était sur le fauteuil, et s'occupe à ranger.*)

CHŒUR, *en dehors, de tous les côtés du théâtre.*

Même air.

Allons, courage!
Vite, à l'ouvrage!
Tout nous engage
A travailler.
Avant d' s'étendre,
Il faut attendre
L'heur' bonne à prendre
Pour sommeiller.
Du moulin le tic-tac, etc.

(*A la fin de ce chœur, Suzanne va fermer la porte du fond, et l'on cesse de voir la roue du moulin et d'entendre le tic-tac.*)

SCÈNE IV.

SUZANNE, BLÉSINET.

BLÉSINET, *paraissant à la porte de sa chambre à droite, s'arrêtant au haut des marches, éten-*

1 Fran. Pit. Suz. Jac.
2 Pit. Fran. Suz. Jac.

dant les bras et bâillant. Oh!.. qu'est-ce qui fait donc tout c' bruit-là?..

SUZANNE. Tiens, c'est vous, not' maître?..

BLÉSINET. Suzanne!.. *(Descendant en scène.)* Est-c' que c'est toi qui m'a réveillé?..

SUZANNE. Dame! p't-être ben, not' maître... j' m'étais absentée, à cause que not' âne Martin est mort et qu'on m'avait dit qu' j'en trouverais au marché... mais, pendant que je n'y étais pas, on n' faisait pus rien ici... si ben qu'à mon retour, j'ai un brin crié.

BLÉSINET. T'as crié?..

SUZANNE. Pour faire tourner l' moulin.

BLÉSINET. Oui, t'as crié... l' moulin a tourné, et ça m'a réveillé... Eh bien! c'est dommage, j faisais un rêve... Dieu! qu' c'est bête, les rêves!.. on les comprend quand on dort... et quand on se réveille, on n' les comprend pus.

SUZANNE. A quoi donc qu' vous rêviez, not' maître?

BLÉSINET. J' crois ben que j' rêvais d' toi.

SUZANNE, *s'approchant.* De moi?..

BLÉSINET. C'est-à-dire... c'était toi... et c'était pas toi... c'était toi d'une façon et pas de l'autre... t'avais ben ta figure... mais t'avais pas tes habits..

SUZANNE. J'avais pas d'habits, not' maître?

BLÉSINET. T'en avais très-peu... tu t' baignais dans l'étang avec les canards.

SUZANNE. C'tte farce!

BLÉSINET. Oui, c'est bête comme tout... mais ça m' faisait plaisir... je n' sais pas pourquoi ça m' faisait plaisir de t' voir te baigner avec les canards... mais j' te r' gardais d' préférence aux canards.

SUZANNE. C'pendant, vous les aimez ben les canards.

BLÉSINET. J' les aime aux navets... mais toi, c'est pas la même chose.

Air : *Regardez, Arthur.* (Madelon.)

Quand on rêve ainsi de ce qu'on ignore,
Cela fait penser tout le long du jour...
Avec les canards, je te vois encore,
Nager dans l'étang de la basse-cour.
Pardin'! je sais ben qu' c'est invraisemblable,
Mais c' que j'éprouvais troublait mes esprits..,
Preuv' que c' n'était pas trop désagréable,
J' voudrais comm' ça *(bis)* rêver tout's les nuits.

SUZANNE, *parlé.* Qué qu' c'était donc que c' rêve là, not' maître?

BLÉSINET.

DEUXIÈME COUPLET.

Dame! tu n'étais plus une paysanne...
T'étais ce que t'es, sans être c' que t'es...
Y avait un canard qui t'app'lait Suzanne,
Et j' crois avec lui que tu barbottais
Dans les eaux d' la mare, auprès d' not' étable.
De te voir nager, j'étais tout surpris...
Preuv' que c' n'était pas, etc.

J' vas m' recoucher..... *(Il se dirige vers sa chambre.)*

SUZANNE. Vous r'coucher, not' maître?..

BLÉSINET. Oui, pour essayer de reprendre mon rêve. *(Il monte les marches qui conduisent à sa chambre.)*

SUZANNE. Eh ben! c'est ça, dormez ben... moi, j' vas veiller pour vous... *(Apercevant le deuxième sac, que Pitou a laissé et qui est appuyé contre l'échelle du fond, à droite.)* Allons, bon!.. encore un sac qu'ils ont oublié!.. *(Criant.)* Pitou!..

BLÉSINET, *se retournant, en haut des marches.* Ah ben, si tu cries comme ça!..

SUZANNE. Au fait, j'aurai plutôt fait de l' porter moi-même!.. *(Elle prend le sac, le couche, le traîne jusqu'au milieu du théâtre et se met en devoir de l'emporter.)*

BLÉSINET. Qu'est-c' que tu fais donc là?..

SUZANNE. N' faites pas attention, not' maître... c'est un sac que j' porte au moulin.

BLÉSINET, *descendant.* Toi, porter c' gros sac avec tes petites mains, tes petits bras!..

SUZANNE. Oh! je suis forte, allez!.. *(Elle va pour prendre le sac.)*

BLÉSINET, *la faisant reculer et prenant sa place.* Veux-tu ben laisser ça!

SUZANNE (1). Mais, not' maître, y faut qu'y soit porté.

BLÉSINET. Alors, ça me regarde.

SUZANNE. Vous, not' maître?

BLÉSINET. Tu vas voir comme je vous enlève ça!.. *(Il essaie d'enlever le sac.)*

SUZANNE. Not' maître, vous allez vous faire mal.

BLÉSINET, *laissant retomber le sac.* Saperlotte!.. que c'est lourd!..

SUZANNE. Not' maître, j' vous en prie!..

BLÉSINET.

Air : *J'ai pour bien d'puis c' matin* (Néréides).

A nous deux
Ça vaut mieux,
Et ça s'ra moins dangereux.
Nul fardeau n' peut compter,
Quand on est deux à l' porter.

ENSEMBLE.

A nous deux, etc.

SCÈNE V.

PITOU, BLÉSINET, SUZANNE.

(Pitou paraît sur le palier du fond et fait un geste de surprise, en voyant Blésinet et Suzanne près du sac; puis il descend tout doucement, sans être vu, par l'échelle de gauche.)

SUZANNE.

Suite de l'air.

Seule, je vous le répète,

(1) Blé. Suz.

J'aurais pu porter cela.

BLÉSINET, *prenant le sac par un bout.*

Une femme n'est pas faite
Pour porter de ces chos's-là.

SUZANNE, *prenant l'autre bout du sac.*

Vous portez tout.

BLÉSINET.

Ça m' contente :
Oui, cela me plaît beaucoup.
C'était toujours, chez ma tante,
Mon oncle qui portait tout.

PITOU, *à part, parlé.* Qu'est-ce que je vois là?.. (*Il se cache derrière l'échelle de gauche. — Pendant la reprise de l'ensemble, Suzanne et Blésinet montent l'échelle de droite, emportant le sac : Suzanne monte la première.*)

ENSEMBLE.

SUZANNE ET BLÉSINET.

A nous deux, etc.

PITOU, *à part, caché.*

C'est heureux !
Ça vaut mieux.
Et s'ils font la besogne à deux,
Nul fardeau n' peut compter
Quand on est deux à l' porter.

(*Suzanne et Blésinet disparaissent. Pitou sort de sa cachette.*)

SCÈNE VI.

PITOU, *puis* LE PÈRE TOBY ET ZERLINE.

PITOU, *seul.* Comment?.. v'là qu'à c'tte heure, y remplacent l'âne à eux deux!.. ça me va... j'aime autant ça... j' sais pas pourquoi.... mais, d'puis huit jours, j' sommes dev'nus d'un faignant, d'un faignant... j' pensions toujours à c'tte jeunesse du bal! Qué coquin d'œil elle vous avait!..

Air d'*Hervé* (Une rivière dans le dos).

Ah ! sapristi !
Qu' c'est donc gentil,
Une fillette,
Un jour de fête!
Ah! sapristi!
Qu' c'est donc gentil!
J'en suis, crédié, tout ébaubi!
Je crois la voir encore...
P't-êtr' ben que je l'adore,
Car, depuis huit jours,
J'y pensions toujours...
J' la voyons,
J' l'entendions...
Son œil, sa toilette
Ne m' sort'nt pas de la tête :
Jusqu'au coup de poing,
Que, seul' dans un coin,
Ell' m' donna,
Je l' sens là!
(*Il se frotte l'épaule.*)
Sa main délicate
M' brisa l'omoplate,
Et tout' la douleur,
J' l'ai r'ssenti' dans l' cœur !
Mais, sapristi!
Qu' c'est donc gentil, etc.

(*On frappe à la porte de gauche.*) Qui est-c' qui gratte là?.. Entrez !

LE PÈRE TOBY, *entrant avec Zerline* (1). Entrez, Mam'selle.

PITOU. Quoi qu' c'est qu' ça?..

LE PÈRE TOBY, *à Pitou.* Le meunier Blésinet?

PITOU. C'est ici.

LE PÈRE TOBY. C'est y vous?

PITOU. Moi?.. merci!.. j' suis l' premier garçon meunier.

LE PÈRE TOBY. Eh ben ! mon ami, va dire à ton maître qu'on l' demande.

ZERLINE ET PITOU, *se voyant, et jetant un cri de surprise.* Oh!..

PITOU, *à part, examinant Zerline.* Eh mais, est-c' que j' louche?..

ZERLINE, *à part, examinant Pitou.* Ah ! mon Dieu ! c' garçon?.. (*Elle se détourne pour ne pas être vue.*)

LE PÈRE TOBY, *à Pitou.* Qu'est-c' que vous avez donc!..

PITOU. Moi!.. rien. (*A part.*) C'est son coquin d'œil !

ZERLINE, *à part.* Maudite rencontre!

PITOU, *à part.* Frottons-nous l'épaule... pour qu'elle me r'connaisse. (*Il se frotte l'épaule.*)

LE PÈRE TOBY, *à Pitou.* Eh ben ! est-c' que tu n' m'as pas entendu?..

PITOU, *troublé.* Si fait... si fait... (*Se frottant toujours l'épaule, à part.*) Elle n' me r'garde pas.

SCÈNE VII.

LES MÊMES, BLÉSINET.

BLÉSINET, *paraissant sur le palier du fond* (2). Ouf! j'en peux plus!.. (*Il s'essuie la figure avec son mouchoir.*)

PITOU, *l'apercevant.* Eh! justement, v'là m'sieu Blésinet!

ZERLINE, *regardant Blésinet.* M'sieu Blésinet!.. ce p'tit-là!

PITOU, *à part.* Ben sûr, c'est son œil!..

BLÉSINET, *descendant par l'échelle de droite.* C'est joliment lourd à porter un sac!..

PITOU, *à Blésinet.* Bourgeois, v'là d' la société qui vous d'mande.

BLÉSINET, *arrivé en bas.* Tiens! qu'est-c' qu'ils veulent, ceux-là?..

LE PÈRE TOBY, *à Blésinet.* Vous êtes m'sieu Blésinet?..

1 Zer. Tob. Pit.
2 Zer. Tob. Blé. Pit.

BLÉSINET. Oui, mon brave homme.

LE PÈRE TOBY, *lui donnant une lettre.* Alors, v'là une lettre de vot' oncle Berlureau.

BLÉSINET. Bah!.. qu'est-c' qu'y peut donc m' chanter, mon oncle!

ZERLINE, *à part, regardant de côté Pitou, qui a toujours les yeux sur elle.* Il n' me perd pas de vue... si j' pouvais l'éloigner ..

BLÉSINET, *qui vient d'ouvrir la lettre, lisant.* « Mon cher neveu... »

ZERLINE, *vivement.* Mais, Monsieur, cette lettre est confidentielle... elle ne r'garde que nous.

BLÉSINET. Que nous!.. Pitou...

PITOU, *s'approchant.* Bourgeois?..

BLÉSINET. Va-t'en.

PITOU, *à part, sans bouger.* Elle m' fait renvoyer... j' comprends... c'est pour la frime...

BLÉSINET. Pitou... j' croyais t'avoir dit : va-t'en !..

PITOU. J' m'en vas, not' maître... (*A part, en montant l'échelle de droite.*) Mais je reviendrai...

ZERLINE, *à part.* Enfin, m'en v'là quitte... mais s'il m'avait reconnue!..

PITOU, *arrivé sur le palier du fond, à part.* Oh! amour! amour!.. J' m'en vas m' débarbouiller.

SCÈNE VIII.

ZERLINE, LE PÈRE TOBY, BLÉSINET.

BLÉSINET. Je peux t'y lire maintenant?..

ZERLINE. Sans doute. (*A part.*) Il n' me ferait seulement pas asseoir. (*Elle approche un peu le fauteuil qui est près de la cheminée, et s'assied.*)

LE PÈRE TOBY, *tirant du pain de sa besace et allant s'asseoir sur les premiers échelons de l'échelle de droite, tout en chantant :*

Les moutons dans la plaine
Sont en danger du loup...

BLÉSINET, *à part, les regardant* (1). Tiens, les v'là qui s'installent... y n' sont pas gênés.

LE PÈRE TOBY, *chantant et mangeant.*

Mais le printemps ramène
Les jolis coqu'licots.

BLÉSINET, *à Toby.* Vieux berger, n' chantez pas .. quand j' lis et qu'on chante, j' chante ce que j' lis, et ça m'empêche de m' comprendre.

LE PÈRE TOBY. C'est bon, fallait l' dire. (*Il continue à manger.*)

ZERLINE, *à part.* Qué drôle de p'tit bonhomme!..

BLÉSINET, *lisant.* « Mon cher neveu, votre tante, « avec ses idées baroques, vous a élevé comme « un petit imbécile... » (*L'interrompant.*) Ah! mais... (*Par réflexion.*) Oh! c'est mon oncle qui dit ça, et comme il est fort bête... passons. (*Lisant.*) « Heureusement que je vous réservais un « trésor... » (*S'interrompant.*) Un trésor!.. (*Lisant.*) « Que l' vieux père Toby, qui vous remettra ma lettre, est chargé de vous présenter. » (*Allant vivement au père Toby.*) Vous avez un trésor à m' présenter?..

LE PÈRE TOBY. Moi?..

BLÉSINET. C'est écrit... vous d'vez m' présenter un trésor.

LE PÈRE TOBY. Allons donc!.. vot' oncle est fou!..

ZERLINE, *à Blésinet.* Mais achevez donc!

BLÉSINET, *revenant sur le devant de la scène et lisant.* « Ce trésor est une femme charmante... »

LE PÈRE TOBY, *se levant.* Ah! oui... j'ons à vous présenter Mam'selle. (*Il remet dans sa besace le restant de son pain.*)

BLÉSINET. C'est pas un trésor, ça.

ZERLINE, *se levant.* Hein?..

BLÉSINET. Mon Dieu, qu' mon oncle est bête!.. prendre une femme pour un trésor!.. me faire croire... quel vieil idiot!.. enfin... (*Continuant sa lecture.*) « Est une femme charmante, capable « de vous enseigner une foule de choses, dont « vous n' vous doutez seulement pas... je vous « ordonne de l'épouser sous huit jours... si, après « ce laps, vous n'êtes pas marié, je vous déshé- « rite, et je laisse toute ma fortune aux nègres de « Saint-Domingue, que je me repens toujours « d'avoir autrefois traités comme des nègres. » (*A Zerline.*) Comment, mon oncle veut que j' vous épouse?..

LE PÈRE TOBY. Ah! bah!..

ZERLINE. Oui, Monsieur.

BLÉSINET. Eh ben ! à quoi qu' ça sert de s' marier?

LE PÈRE TOBY. Oh!..

ZERLINE. Comment!.. à quoi qu' ça sert?.

LE PÈRE TOBY. En v'là une question!..

BLÉSINET. Oui, pourquoi qu'on s' marie?..

LE PÈRE TOBY, *à part.* Oh! mais, il est charmant!..

ZERLINE, *à part.* Il est bête comme tout!..

BLÉSINET, *à Zerline.* Comment qu' vous vous appelez?

ZERLINE. Zerline Serpentin.

BLÉSINET. Ah!.. qué fichu nom!..

ZERLINE, *offensée.* Hein?..

BLÉSINET. Mais l' mariage, j' sais c' que c'est... c'est comme qui dirait mon oncle et ma tante, qui s' disputent toujours, quand y n' se battent pas... (*Tout d'un coup.*) Mam'selle, êtes-vous forte?..

ZERLINE, *étonnée.* Forte?..

BLÉSINET. Oui, ça m'intéresse... d'abord à cause du moulin... pourriez-vous porter des sacs?

ZERLINE. Des sacs?..

LE PÈRE TOBY, *à part.* Oh!.. j'en mourrai de rire!..

BLÉSINET. Dame, pourquoi qu'un meunier s' marierait, si c'est pas pour que sa femme...

(1) Zer. Blé. Tob.

ZERLINE. Porte des sacs!.. merci... c'est pas pour ça que je vous épouse; et vous n' serez mon mari que si vous êtes amoureux d' moi.

BLÉSINET. Amoureux?..

ZERLINE. Oui, si j' vous inspire de l'amour.

BLÉSINET.

Air nouveau de *M. J. Nargeot.*

L'amour, qué qu' c'est qu' ça, Mam'selle?
L'amour, qué qu' c'est qu' ça?

LE PÈRE TOBY ET ZERLINE, *à part.*

Pouvait-on s'attendre à cela?
Cett' question est nouvelle.

BLÉSINET.

De grâce, Mam'selle,
L'amour, qué qu' c'est qu' ça?

ZERLINE, *lui souriant.*

Supposons qu' vous voyez
Une jeune fillette;
Qu'ell' vous fasse un' risette,
Et qu'à vot' tour vous lui souriez...
Quel effet
Qu' ça vous f'rait?

BLÉSINET, *tranquillement.*

Ça n' me f'rait rien, Mam'selle.

ZERLINE.

Votre cœur est donc sourd?
Quoi?.. rien, quand une belle
Vous r'garde avec amour?

BLÉSINET.

L'amour, qué qu' c'est qu' ça, Mam'selle?
L'amour, qué qu' c'est qu' ça?

ENSEMBLE.

LE PÈRE TOBY ET ZERLINE.

Pouvait-on s'attendre à cela?..
Cett' question est nouvelle.
D'monder à sa belle :
L'amour, qué qu' c'est qu' ça?

BLÉSINET.

Je ne comprends rien à cela...
Dit's-moi donc c' qu'on appelle
De ce nom, Mam'selle?..
L'amour, qué qu' c'est qu' ça?..

ZERLINE.

Supposez donc enfin
Qu'à la dans' du village,
Un' jeun' fill' vous engage,
Et vous prenne comm' ça la main...
(*Lui prenant la main.*)
Quel effet
Qu' ça vous f'rait?

BLÉSINET, *retirant sa main.*

Ça n' me f'rait rien, Mam'selle.

ZERLINE, *avec dépit.*

J'y renonce à mon tour...
Quoi! cett' main qu'une belle
Press'rait avec amour...

BLÉSINET.

L'amour, qué qu' c'est qu' ça, Mam'selle?
L'amour, qué qu' c'est qu' ça?

ENSEMBLE.

LE PÈRE TOBY ET ZERLINE.

Pouvait-on s'attendre à cela, etc.

BLÉSINET.

Je ne comprends rien à cela, etc.

LE PÈRE TOBY, *passant au milieu* (1).

Mais pour cette leçon,
Que Mam'selle vous donne,
J' crois qu'ici ma personne
Est inutile, mon garçon.
Tous les deux,
En ces lieux,
Expliquez ce mystère...
(*Il fait passer Blésinet près de Zerline* (2).
Et plus instruit là-d'ssus,
A mon retour, j'espère,
Vous n' demanderez plus :
L'amour, qué qu' c'est qu' ça, Mam'selle?
L'amour, qué qu' c'est qu' ça?

ENSEMBLE.

LE PÈRE TOBY ET ZERLINE.

Pouvait-on s'attendre à cela, etc.

BLÉSINET.

Je ne comprends rien à cela, etc.

(*Le père Toby monte l'échelle du fond, à droite, et disparaît par le palier; Blésinet remonte pour l'engager à rester; Zerline passe à droite.*)

SCÈNE IX.

BLÉSINET, ZERLINE.

ZERLINE, *à part.* Qué drôle de p'tit bonhomme!.. il est bête... mais il est drôle...

BLÉSINET, *redescendant.* Nous v'là seuls... parlez... j' vous écoute.

ZERLINE, *venant à lui.* Dame... j'vas vous dire... l'amour...

BLÉSINET. L'amour?..

ZERLINE. C'est qu' c'est assez difficile à vous expliquer...

BLÉSINET. Ah! c'est difficile... alors, n' vous donnez pas c'tte peine-là... j'ai jamais rien pu apprendre de difficile.

ZERLINE, *à part.* Oh! quelle idée!.. oui, c'est cela...

BLÉSINET, *remontant.* J' vas rappeler le vieux.

ZERLINE. Non... restez... (*Il s'arrête; prenant un air languissant.*) Pardon, monsieur Blésinet... mais la fatigue... (*Passant à gauche.*) La chaleur... une si longue route faite à pied... (*Elle attire presque au milieu du théâtre le fauteuil qui est près de la cheminée.*)

BLÉSINET, *redescendant à droite* (3). Qu'est-ce que vous avez donc, Mam'selle...

1 Zer. Tob. Blé.
2 Zer. Blé. Tob.
3 Zer. Blé.

ZERLINE, *s'asseyant.*

Air des *Perroquets de frère Philippe.*

Le temps est orageux...
Malgré moi, j'ai beau faire,
Le poids de l'atmosphère
Vient me fermer les yeux.
Ah! c'est insupportable!..
Je fais de vains efforts...
La fatigue m'accable...
Je dors! (*Bis.*)

BLÉSINET, *à part.* Comment!.. elle vient dormir dans mon moulin... et v'là l' trésor de mon oncle... je vas la réveiller...

ZERLINE, *ôtant son fichu.* Ah! quelle chaleur étouffante, mon Dieu!.. (*Elle feint de dormir.*)

BLÉSINET, *à part.* Eh bien!.. v'là qu'elle ôte son fichu, à c'tte heure!.. (*Haut, s'approchant de Zerline.*) Mam'selle, ça n' se fait pas... Mam'selle!.. (*Zerline fait toujours semblant de dormir, passant à gauche, par derrière elle, à part.*) Ah! Dieu! qu' c'est donc mal fait une femme (1)!.. (*Montrant sa poitrine.*) A la bonne heure, ça... ça s' comprend... c'est uni, c'est droit...

ZERLINE, *faisant semblant de ronfler.* Rrrrrrout!

BLÉSINET, *à part.* Comment!.. elle ronfle!.. (*Passant devant elle, en l'examinant.*) Dieu de Dieu!.. c'est-y cocasse!.. ça vous a des petits pieds grands comme ça!.. (2) (*Zerline ronfle de nouveau.*) Ah! elle m'ennuie c'tte femme-là!.. (*Il fait quelques pas vers sa chambre; arrivé au bas des marches, il se retourne.*) Elle m'ennuie!.. (*Il monte tranquillement et rentre dans sa chambre; au même instant, Pitou paraît sur le palier du fond.*)

SCÈNE X.

ZERLINE, PITOU.

PITOU, *à part, sur le palier en voyant Zerline.* Elle est seule... (*Il descend doucement par l'échelle de gauche.*) Si j' pouvions m'assurer...

ZERLINE, *à part, les yeux fermés.* C'est drôle!.. on dirait qu' je n' l'entends plus!.. (*Écoutant et entendant Pitou, qui manque de tomber et descend les quatre derniers échelons en glissant.*) Ah! si, il est derrière moi.

PITOU, *à part* (3). Dieu m' pardonne!.. j' crois qu'elle dort!..

ZERLINE, *à part* (4). Est-c' qu'y va pas m'embrasser?..

PITOU, *à part, passant à droite, derrière Zerline.* Je n' peux pas voir son œil... mais c'est elle... c'est ben elle... (*Il s'approche tout doucement.*)

1 Blé. Zer.
2 Zer. Blé.
3 Pit. Zer.
4 Zer. Pit.

ZERLINE, *à part.* Il s'approche!..

PITOU, *à part.* Bah!.. tant pire pour le patron!.. (*Il embrasse Zerline sur l'épaule gauche.*)

ZERLINE, *à part.* Bravo!.. (*Elle se retourne de l'autre côté, en feignant toujours de dormir.*)

PITOU, *passant à gauche, par derrière Zerline, à part* (1). Tiens, ça l'a pas réveillée... Alors c'est pas le moment de m'endormir. (*Il l'embrasse sur l'épaule droite.*)

ZERLINE, *à part.* Il y prend goût. (*Elle se retourne de l'autre côté.*)

PITOU, *qui a repassé à droite, à part* (2). Je l'embrasserais comme ça jusqu'à demain, moi!.. (*Au moment où il va l'embrasser de nouveau, Zerline ouvre les yeux et se lève en criant.*)

ZERLINE. Ah! qu'est-ce que c'est qu' ça?.. (*Elle se sauve à droite.*)

PITOU (3). Ça, c'est moi, Mam'selle. (*Il remet le fauteuil près de la cheminée.*)

ZERLINE. Qui êtes-vous?.. que voulez-vous?..

PITOU. Qui je suis?.. vous le savez bien; j' suis Pitou, vot' danseur... c' que j' veux?.. dame... j' voudrais ben vous rappeler ce bal de la ville, oùsque nous avons tant ri.

ZERLINE. Mais, Monsieur, vous vous trompez... je n' vous connais pas.

PITOU. Oh! que nenni que je n' me trompe point!..

Air : *Colinette, au bois s'en alla.*

Je reconnais l'œil que voilà,
Et cette petite main-là,
Dont je reçus un gros
Coup de poing dans le dos.
Ce coup de poing fit mon bonheur;
Ça m'a répondu dans le cœur,
Comm' si, mal à propos,
J'avais le cœur dans l' dos.
Mais, depuis, dans mon estomac,
J'ai senti qu'il faisait tic-tac,
Tic-tac pour une belle!..
(*Montrant son épaule.*)
Vous frappiez là...
(*Montrant son cœur.*)
Ça me répondait là..
Pourquoi rougir pour ça?
N'y a pas d' mal à ça,
Mad'moiselle,
N'y a pas d' mal à ça!

(*Il lui prend la taille; elle lui échappe et passe à gauche.*)

ZERLINE (4). Monsieur Pitou, vous êtes un galant homme?..

PITOU. J' suis galant dans mes p'tits moyens, Mam'selle.

ZERLINE. Si vous saviez l' motif qui m' conduit ici.

1 Pit. Zer.
2 Zer. Pit.
3 Pit. Zer.
4 Zer. Pit.

PITOU. J' m'en doute... l' moulin du bourgeois qu' vous voulez épouser...

ZERLINE. C'est son oncle qui a eu l'idée de c' mariage-là.

PITOU. Je n' m'y oppose pas pour ma part... quoiqu' c'est joliment vexant...

SCÈNE XI.

LES MÊMES, BLÉSINET.

BLÉSINET, *paraissant à une lucarne de sa chambre, qui se trouve au deuxième plan, à droite, à part* (1). Voyons donc si elle dort toujours.

PITOU, *à Zerline.* Vous perdre!.. et ça, pour un p'tit jobard!..

BLÉSINET, *à part.* Tiens!.. elle est avec Pitou.

ZERLINE. Oh! ça, c'est vrai qu' vot' maître est un fameux p'tit bêta...

BLÉSINET, *à part.* Bêta...

ZERLINE. Il est petit... mais ça fait tout d' même un grand imbécile.

BLÉSINET, *à part.* Tiens!.. elle est d' l'avis d' mon oncle.

ZERLINE. Figurez-vous que, tout à l'heure, on m' présente à lui... son oncle lui écrivait qu'y d'vait me prendre pour femme... y m' demande à quoi qu' ça sert!..

PITOU. Oh! le p'tit serin!

BLÉSINET, *à part.* Serin!..

ZERLINE. Dame... j'étais embarrassée d' lui répondre, lorsque m'interrogeant de nouveau, y me demande si j' suis forte et si j' sais porter des sacs. J' lui fais observer qu'une femme ne s' marie pas pas pour porter des sacs... qu'un homme doit avoir de l'amour pour sa femme... alors, savez-vous c' qu'y m' demande?..

PITOU. Non.

ZERLINE. Y m' demande : l'amour, qué qu' c'est qu' ça?

PITOU, *riant.* Ah! ah! ah! ah!

BLÉSINET, *à part.* Tiens! ça l' fait rire!

ZERLINE. Voyant qu'il n' savait rien de rien, j' fais semblant d'avoir ben chaud, ben sommeil, d'être ben fatiguée... et je m' mets là, dans c' fauteuil...

BLÉSINET, *à part.* Ah! elle faisait semblant.

ZERLINE. J'espérais qu'en m' voyant dormir, ça l'éveillerait... Oh ben! oui... ça m'a joliment réussi... Vot' maître, monsieur Pitou, faut qu' ça soit une demoiselle.

PITOU. Ça serait une demoiselle?..

BLÉSINET, *à part.* J' suis une demoiselle!.. Ah! bah!..

ZERLINE. Y n' comprend rien, n' voit rien...

(1) Zer. Pit. Blé.

BLÉSINET, *à part.* Mais qu'est-c' que j'avais donc à voir?

PITOU. Oh! si j'aurais été à sa place...

BLÉSINET, *à part.* Eh ben?..

PITOU. C'est pas moi, Pitou, qui...

SUZANNE, *en dehors.* V'nez par ici, vous s'rez mieux.

PITOU, *passant à gauche* (1). Dieu! mam'selle Suzanne!.. si elle m' voyait... v'nez, Mam'selle... j' veux pas être vu causant avec vous... v'nez...

BLÉSINET, *à part.* Comment! y s'en vont!..

ZERLINE. Mais pourtant...

PITOU, *entraînant Zerline.* V'nez!.. v'nez!.. faut que j' vous parle de mon sentiment!.. (*Il sort avec Zerline par la porte à gauche.*)

BLÉSINET, *seul.* Saperlotte!.. c'est dommage... j'aurais p't-être appris... faut qu j' réfléchisse à c' qu'y disaient... (*Il disparaît.*)

SCÈNE XII.

LE PÈRE TOBIE, SUZANNE.

(*Suzanne sur le palier du fond avec le père Toby, qui tient une écuelle à la main et mange.*)

SUZANNE. Prenez garde de vous casser l' cou. (*Elle descend la première par l'échelle de droite.*)

LE PÈRE TOBY, *la suivant.* Oh! y n'y a pas d' danger.

SUZANNE. Non, comme tout à l'heure, où, sans moi, vous étiez écrasé entre les deux meules.

LE PÈRE TOBIE (2). Oh! ça c'est vrai qu' vous m'avez rendu un fier service.

SUZANNE, *avançant un peu le fauteuil.* T'nez, vous serez mieux là pour manger vot' soupe.

LE PÈRE TOBY, *s'asseyant.* Et une soupe crânement bonne!.. c'est-y vous, la p'tite mère, qui faites c'tte cuisine-là?

SUZANNE. C'est moi qui fais tout au moulin.

LE PÈRE TOBY. Est-ce que vous êtes parente de m'sieur Blésinet?

SUZANNE. Parente?.. pas du tout... quand not' maître a hérité d' son père, et qu'il a quitté son oncle, pour venir s'établir ici, y n'a trouvé qu' moi d'habituée aux tracas du moulin, et dame, comme y n' s'y connaissait pas du tout, y m'a tout d' suite accordé sa confiance. Vous pensez ben qu' ça m'a rendue fière... aussi j' vous réponds que, d'puis c' temps-là, faut qu' ça marche... j'ai l'œil partout d'abord...

LE PÈRE TOBY. Tiens! tiens! tiens! tiens!.. Et vous l'aimez ben, vot' bourgeois?..

SUZANNE. Si j' l'aime!.. je m' jetterais dans l' feu pour lui!.. il est si bon!..

LE PÈRE TOBY. Ah! il est bon!.. (*Il se lève et donne son écuelle à Suzanne, qui la met dans un*

(1) Pit. Zer. Blé.
(2) Suz. Tob.

coin de la cheminée, à part.) Est-c' que par hasard ce p'tit sournois se serait moqué d' nous!..

SUZANNE, *rangeant le fauteuil.* Qu'est-ce que vous dites?..

LE PÈRE TOBY. Dame! j' pensais à part moi qu'un jeune garçon et une jeunesse seuls dans un moulin...

SUZANNE. Seuls?.. ah ben! oui, nous sommes plus d' quinze!..

LE PÈRE TOBY. Quand j' dis seuls, j' veux dire à la tête d'un moulin...

SUZANNE. Eh ben?..

LE PÈRE TOBY. Ça pourrait faire jaser...

SUZANNE. Jaser?..

LE PÈRE TOBY.

Air : *N'allez pas dans la Forêt-Noire.*

Dame, entre nous, écoutez donc,
Quand un' jeune fillette
Est seule avec un jeun' garçon,
Et qu'elle est gentillette...
On ne pense pas au moulin
Soir et matin...
Pour peu que l' garçon soit malin,
Je connais plus d'un cas,
Dont on pourrait médire...

SUZANNE.

Je n' sais pas (*Bis.*)
C' que vous voulez dire.

ENSEMBLE.

LE PÈRE TOBY.

Je connais plus d'un cas,
Dont on pourrait médire...
Elle n' sait pas (*Bis.*)
C' que parler veut dire.

SUZANNE.

Mais quel est donc le cas,
Dont on pourrait médire?..
Je n' sais pas (*Bis.*)
C' que l' berger veut dire.

LE PÈRE TOBY.

DEUXIÈME COUPLET.

Malgré son p'tit air innocent,
M'sieur Blésinet lui-même
Doit éprouver, en vous r'gardant,
Un embarras extrême.
Dans un moulin, y a plus d'un sac,
Plus d'un mic-mac ..
Quand l' cœur et l' moulin font tic-tac...
Dame, d' plus d'un faux pas
Le monde pourrait rire...

SUZANNE.

Je n' sais pas (*Bis.*)
C' que vous voulez dire.

ENSEMBLE.

LE PÈRE TOBY.

Dame, d' plus d'un faux pas, etc.

SUZANNE.

Quoi!.. de plus d'un faux pas, etc.

LE PÈRE TOBY, *à part.* Aussi simple l'un que l'autre... est-c' qu'ils s'aimeriont sans s'en douter?..

SUZANNE. Des faux-pas... des mic-macs... expliquez-vous. (*L'orchestre reprend en sourdine l'air précédent.*)

LE PÈRE TOBY, *regardant à droite.* Plus tard... v'là monsieur Blésinet... (*Passant a gauche.*) J' vous laisse avec lui (1)!.. nous r'prendrons c't entretien, quand nous serons seuls. (*Il se met à l'écart, à gauche.*)

SCÈNE XIII.

LE PÈRE TOBY, SUZANNE, BLÉSINET.

SUZANNE, *à part, voyant Blésinet, qui descend de sa chambre tout rêveur.* Tiens!.. qu'est-c' qu'il a donc, not' maître?..

LE PÈRE TOBY, *à part.* Je n' les perdons pas d' vue. (*Il disparaît par la porte à gauche.*)

SUZANNE, *allant à Blésinet* (2). Not' maître!..

BLÉSINET, *lui faisant signe de se taire, et passant devant elle* (3). Chut!.. ne me trouble pas... (*A lui-même, réfléchissant.*) C'est un p'tit bêta, un p'tit imbécile... oh! si j'avais été à sa place, disait Pitou... Eh ben! s'il avait été à ma place... (*Haut et s'approchant de Suzanne*) Suzanne!..

SUZANNE. Not' maître!..

BLÉSINET. Dis-moi, est-c' que tu connais l'amour, toi?

SUZANNE. L'amour?..

BLÉSINET. Oui, l'amour.

SUZANNE.

Air nouveau de *J. Nargeot.*

L'amour, qué qu' c'est qu' ça, not' maître?
L'amour, qué qu' c'est qu' ça?
Jamais personn' ne m'en parla,
Et je n' crois pas l' connaître...
Oh! qué qu' ça peut être?
L'amour, qué qu' c'est qu' ça?

BLÉSINET.

Je te le dirais bien,
Afin de t'en instruire,
Mais je n' puis te le dire,
Vu que, moi-même, j' n'en sais rien.
Et pourtant,
On prétend,
Qu' d'amour, à chaque pas,
Chacun parle à la ronde,
Et que nous seuls, au monde,
Nous demandons, hélas!

ENSEMBLE.

L'amour, qu'est-c' que ça peut être?
L'amour, qué qu' c'est qu' ça?

1 Tob. Suz.
2 Suz. Blé.
3 Blé. Suz.

Jamais person' ne m'en parla,
Et je n' crois pas l' connaître...
Ah! qué qu' ça peut être!..
L'amour, qué qu' c'est qu' ça?

SUZANNE. Dites donc, not' maître, si nous l' d'-mandions au magister du village?

BLÉSINET. Est-c' que tu crois que l' magister?.. (*Comme frappé d'une idée.*) Ah!..

SUZANNE, *effrayée*. Queu qu' c'est?..

BLÉSINET. Une idée!.. (*Attirant le fauteuil au milieu du théâtre.*) Mets-toi là... dans c' fauteuil... tu vas voir...

SUZANNE, *s'asseyant*. M'y v'là, not' maître.

BLÉSINET. Bien... maintenant, dors...

SUZANNE. Que j' dorme?.. mais c'est que j'ai pas sommeil.

BLÉSINET. Ça n' fait rien, fais semblant, ferme les yeux,

SUZANNE, *fermant les yeux*. Ah! bon! bon! bon! v'là que j' les ferme.

BLÉSINET, *à part*.

Air : *Oui, c'est moi qui suis le maître*) Jobin et Nanette. — J. Nargeot).

La v'là ben comme était l'autre;
Seul'ment j' la trouv' beaucoup mieux...
Mais quel embarras est l' nôtre?..

SUZANNE, *les yeux fermés*.

Faut-y toujours que j' ferm' les yeux

BLÉSINET.

Sans doute...
(*A part.*)
Elle a beaucoup d' grâce...
C'est un trésor, un bijou...
Mais qu'est-c' qu'y faut que je fasse?..
Et, tout à l'heure, à ma place,
Qu'est-c' qu'aurait donc fait Pitou?.. (*Bis.*)

(*Passant à droite par derrière Suzanne, qu'il examine.*) C'est tout d' même drôlement fait une femme!.. (*Le père Toby rentre par la porte à gauche tout doucement.*)

SUZANNE (1). Ça va-t-il comme vous voulez, not' maître?..

BLÉSINET. Oui, maintenant ôte ton fichu.

SUZANNE, *ouvrant les yeux*. Mon fichu?..

BLÉSINET. Oui, et ferme les yeux.

SUZANNE, *ôtant son fichu et refermant les yeux*. Dame!.. puisque vous l' voulez... (*Le père Toby se cache derrière l'échelle de gauche.*)

BLÉSINET, *à part*.

Même air.

J'ai beau me creuser la tête,
J' n'y comprends rien... c'est affreux ..
J' trouv' seul'ment qu'elle est mieux faite.

SUZANNE, *ouvrant les yeux*.

Faut-y toujours que j' ferm' les yeux?

(1) Tob. Suz. Blé.

BLÉSINET.

Sans doute...
(*Suzanne referme vivement les yeux.*)
(*A part.*)
Sous la farine
J' vois la blancheur de son cou...
En attendant que j' devine,
J' puis l'embrasser, j'imagine...
(*Il embrasse Suzanne, qui ouvre les yeux.*)

SUZANNE, *parlé*. Tiens!.. vous m'embrassez, not' maître?..

BLÉSINET, *parlé*. Ferme les yeux!.. (*Suzanne referme les yeux; après l'avoir examinée, il s'éloigne un peu, en achevant l'air; à part.*)

Qu'est-c' qu'aurait donc fait Pitou? (*Bis.*)

LE PÈRE TOBY, *à part, se montrant et descendant près de Suzanne, à sa gauche* (1). Diable!.. j' crois qu'il est temps de m' montrer... (*Haut, à Blésinet, qui s'est rapproché et manque de l'embrasser.*) Eh ben! qué qu' tu cherches donc là?.. (*Suzanne se lève et remet le fauteuil près de la cheminée.*)

BLÉSINET. Eh! pardine!. j' cherche c' que c'est qu' l'amour.

LE PÈRE TOBY. L'amour?.. c'est pas ça... l'amour... c'est un mal... c'est un bien... ça rend triste... ça rend gai... ça fait rire... ça fait pleurer...

BLÉSINET. Quoi qu' c'est donc?

LE PÈRE TOBY. C'est une maladie.

SUZANNE ET BLÉSINET. Une maladie?..

BLÉSINET. Ah ben, je n' sommes pas malade...

SUZANNE. Ni moi...

LE PÈRE TOBY. P't-être plus qu' vous n' pensez.

TOUS DEUX. Oh!..

LE PÈRE TOBY, *à Blésinet*. Au surplus, mon garçon, vous allez vous marier, et vot' femme...

SUZANNE, Se marier!.. vous allez vous marier, not' maître!

LE PÈRE TOBY, *à part*. Bien touché!

BLÉSINET. Est-c' que j' sais, moi?..

LE PÈRE TOBY. Comment!.. est-c' que vous savez!.. est-c' que vous n'épousez pas une femme que vot' oncle vous destine?.. que vous avez vue à c' matin... qui va devenir la maîtresse du moulin... (*Se tournant vers Suzanne.*) Une très-jolie femme... mam'selle Zerline.

SUZANNE. Ah! elle est jolie!.. et elle va devenir la maîtresse du moulin?..

BLÉSINET. Oh! faudra voir... c'est pas dit...

LE PÈRE TOBY. Laissez donc, farceur... avec ça qu' vous n'étiez pas content à c' matin?.. une si jolie p'tite meunière!.. ah! dame! faut être juste... ça flatte...

SUZANNE. Une meunière ici!.. ah! mon Dieu!..

LE PÈRE TOBY. Qu'est-c' que vous avez donc, Mam'selle?..

(1) Suz. Tob. Blé.

SUZANNE, *avec dépit*. Moi!.. j'ai rien du tout... seulement.. j' pense que c'tte belle meunière s'ra p't-être pas ben contente, si elle ne m' trouve pas au moulin... et j' vas à mon ouvrage... (*Elle remonte, le père Toby passe à gauche.*)

BLÉSINET, *allant à elle* (1). Comment, tu nous quittes?

SUZANNE, *pleurant presque et montant lentement par l'échelle de gauche*. Oh! vous n'avez pas besoin d' moi, not' maître... j' suis pas si savante que m'ame Zerline... c'est à elle qu'y faut d'mander c' que vous n' savez pas... quand on a une femme, c'est tout naturel de s'adresser à elle... on n'a pas besoin de trente-six personnes... une suffit... (*Elle disparaît par le palier, Blésinet s'est arrêté au bas de l'échelle de gauche. Le père Toby passe à droite.*)

SCÈNE XIV.

BLÉSINET, LE PÈRE TOBY.

BLÉSINET, *au bas de l'échelle*. Eh ben!.. qu'est-c' qu'elle a donc?..

LE PÈRE TOBY, *à part*. Ah! vous voulez savoir c' que c'est que l'amour?.. Eh ben! j' vous l'apprendrons, moi!..

BLÉSINET. On dirait qu'elle est fâchée...

LE PÈRE TOBY, *à part*. Ils m'intéressont, ces deux enfants-là... et si j' pouvons jouer un bon tour à c'tte mijaurée d' Zerline!..

BLÉSINET, *venant à lui*. Dites donc, vieux berger, savez-vous c' qu'elle a, Suzanne?..

LE PÈRE TOBY. Pardine! si je l' sais... elle a qu'elle est amoureuse...

BLÉSINET. Suzanne est malade... j' vas chercher l' médecin... (*Fausse sortie.*)

LE PÈRE TOBY, *le retenant*. Mais non, petit imbécile!..

BLÉSINET, *à part*. Ah çà, mais tout le monde est donc d' l'avis d' mon oncle!..

LE PÈRE TOBY. L'amour c'est une maladie... parce que c'est un sentiment... une fille est amoureuse, quand elle aime ben un garçon...

BLÉSINET. Ah!.. et Suzanne aime ben...

LE PÈRE TOBY. Elle aime ben un jeune garçon...

BLÉSINET, *avec espoir*. Vrai?..

LE PÈRE TOBY. C'est pour aller le r'joindre qu'elle nous quitte.

BLÉSINET. Pour aller le r'joindre... qui donc qu' c'est?..

LE PÈRE TOBY. Oh!.. tiens! j'ai oublié son nom... comment donc appelles-tu ce biau meunier?.. un vigoureux gaillard, tu sais...

BLÉSINET. Pitou?..

LE PÈRE TOBY. J' crois qu' c'est ça.

BLÉSINET. Suzanne aime Pitou?..

LE PÈRE TOBY. J' m'en suis aperçu tout d' suite... ah! dame, c'est qu' c'est un malin, Pitou!.. bigre... quand j' suis arrivé au moulin, il en contait à Suzanne... mais il lui en contait!..

BLÉSINET. Quoi donc qu'il lui contait?

LE PÈRE TOBY. Des galanteries... des douceurs... « Ah! Mam'selle, qu'y lui disait, comme vous êtes « gentille!.. vous êtes un trésor... c'est vous qui « faites tout marcher dans le moulin... »

BLÉSINET. Oui!..

LE PÈRE TOBY. « Si not' maître est riche, c'est « à vous qu'y doit sa fortune... »

BLÉSINET. Oui!..

LE PÈRE TOBY. « C'est un ingrat de n' pas s'en apercevoir... »

BLÉSINET. Pitou disait?..

LE PÈRE TOBY. Pour enjôler Suzanne...

BLÉSINET, *avec colère*. Il voulait l'enjôler?.. (*Tranquillement.*) Quó qu' c'est qu' ça?..

LE PÈRE TOBY. Lui plaire... la séduire... et j' crois qu'il est parvenu!..

BLÉSINET, *furieux*. Il a enjôlé Suzanne!..

LE PÈRE TOBY. J' crois ben qu' oui... car ils ont parlé d' mariage...

BLÉSINET. D' mariage?

LE PÈRE TOBY. Dame!.. p't-être ben qu' Suzanne aurait préféré vous épouser?.. mais vous n' l'aimiez point, vous!..

BLÉSINET, *tout pensif*. Je n' l'aime point!.. (*Il va s'asseoir sur le fauteuil.*)

LE PÈRE TOBY. Et puis, vous épousez Zerline... ça f'ra deux noces... ça s'ra gentil!.. (*Montant par l'échelle de droite.*) J' vas voir c' qui s' passe au moulin... si j'ai des nouvelles, j' viendrons vous les donner... Au revoir, m'sieur Blésinet... au revoir!... (*A part.*) Pauvre garçon!.. le v'là d'un triste!.. d'un triste!.. (*Arrivé sur le palier.*) Tant mieux!.. ça marche... à l'autre, à présent!.. (*Il disparaît.*)

SCÈNE XV.

BLÉSINET, *seul*. Je n' l'aime point!..

Air : *Valse de la demoiselle à marier.*

Qu'est-c' que j'ai donc?
Quelle peine
Est aujourd'hui la mienne?
Qu'est-c' que j'ai donc?..
Mon Dieu! suis-je enfin malade ou non?
J'étais joyeux.. maint'nant me v'là tout triste,
J'ai l' cœur serré... plus il bat, moins j'existe...
J' deviens méchant!.. je deviens égoïste!..
(*Se levant.*)
J' voudrais m' battre... ou
Je voudrais battre, Pitou!..
(*Marchant avec agitation.*)

1 Tob. Suz. Blé.

Dans la fureur dont je ne suis pas maître,
S'il était là, je le tuerais peut-être!..
S'il est l' plus fort, je serais le plus traître!..
Qu' j'aurais d' plaisir
A le faire souffrir!..
(*S'arrêtant.*)
Mon Dieu!.. comm' je deviens méchant!..
Moi, qu' étais si bon tout à l'heure...
Moi qui chantais, moi qui riais tant!..
Pourquoi donc que j' souffre et que j' pleure?
Est-ce d'amour qu'il faut que j' meure?
Si c'est d' l'amour... tourment fatal!
Dieu! qu' ça fait d' mal!
Qu'est-c' que j'ai donc?..
Quelle peine, etc.
(*A la fin du couplet, il pleure et reste accablé.*)

SCÈNE XVI.

PITOU, BLÉSINET.

PITOU, *entrant par la droite, à part.* Mam'selle Zerline m'a dit de v'nir l'attendre au moulin!.. (*Apercevant Blésinet.*) Oh! l' bourgeois!..

BLÉSINET, *voyant Pitou.* Ah! c'est toi!..

PITOU, *à part.* Pincé!..

BLÉSINET, *à part.* C'est vrai qu'il est bel homme, c't animal-là!.. (*Haut.*) Pitou?..

PITOU, *s'approchant.* Not' maître?..

BLÉSINET. T'es bel homme, toi!..

PITOU, *d'un air suffisant.* Oh!.. c'est les femmes qu'a fait courir ce bruit-là!..

BLÉSINET. Vraiment?..

PITOU. Oui, pour faire monter les avoines...

BLÉSINET. C'est étonnant comme t'es bel homme!.. (*Lui allongeant un coup de poing.*) T' es solide!..

PITOU, *étonné, à part.* Quoi qu'il a donc?..

BLÉSINET. D' quelle couleur qu'y sont, tes cheveux?..

PITOU. Ils sont rouge-tendre, quand y fait du soleil.

BLÉSINET, *lui tirant les cheveux.* Oh! les beaux cheveux!..

PITOU. Aïe!.. (*A part.*) Quoi qu'il a donc, not' maître?..

BLÉSINET. Et ton noz?..

PITOU, *de plus en plus étonné.* Mon nez?..

BLÉSINET. Il est joli ton nez!.. (*Il lui donne des pichenettes sur le nez.*)

PITOU, *reculant, en tournant, à part.* Ah! mais quoi qu'il a donc?..

BLÉSINET, *à part* (1). Si j' pouvais l' griffer!.. mais faudrait une raison... (*Haut.*) Pitou?..

PITOU. Not' maître?..

BLÉSINET. Qué temps fait-il?..

PITOU, *se retournant vers une fenêtre qui est au fond, à droite.* Oh! un soleil superbe!

BLÉSINET, *qui vient de prendre un balai dans la cheminée.* Le soleil!.. tu appelles ça le soleil?.. c'est la lune! (*Sans être vu de Pitou il démanche le balai.*)

PITOU, *riant.* La lune?.. à deux heures de l'après-midi?..

BLÉSINET, *marchant sur lui, et le faisant reculer, en cachant derrière lui le manche du balai.* Et si j' veux qu' ça soit la lune, moi!.. je n' suis donc pas l' maître dans mon moulin, à c'tte heure?..

PITOU (1). Si!.. si!.. si!.. (*A part.*) Flattons sa manie... (*Haut.*) Ah! la belle lune! mon Dieu! qué belle lune!..

BLÉSINET. Où ça?..

PITOU, *montrant une autre fenêtre, qui est au fond à gauche.* Là-haut!..

BLÉSINET. Ça?.. c'est le soleil!..

PITOU, *à part.* V'là qu' ça r'devient l' soleil, à présent!..

BLÉSINET. Pitou... ferme la porte.

PITOU, *allant fermer la porte à gauche.* V'là, not' maître.

BLÉSINET, *d'un air aimable.* Viens ici... mon p'tit Pitou...

PITOU, *s'approchant.* Oui, not' maître.

BLÉSINET, *le menaçant de son manche à balai.* Pitou... faut que j' t'assomme!

PITOU, *se sauvant derrière le fauteuil.* Ah! mais!..

BLÉSINET. Faut que j' te tue!..

ENSEMBLE.

Air de *Catherine et Austerlitz.*

BLÉSINET.

Redoute ma fureur,
Crains le courroux qui m'exaspère!
Que j'aurais de bonheur
A te rosser, vil enjôleur!
Ce balai, sur ton dos,
Saura me venger, je l'espère.
Je n'aurai de repos,
Qu'après t'avoir rompu les os! (*Bis.*)

PITOU, *à part.*

Redoutons sa fureur,
Et le courroux qui l'exaspère!..
Qu'il aurait de bonheur
A me rosser de tout son cœur!
Ce balai sur mon dos
Saura le venger, il l'espère...
Il n'aura de repos,
Qu'après m'avoir rompu les os! (*Bis.*)

(*Pendant cet ensemble, Pitou s'est sauvé au fond, à droite. — Blésinet a jeté son manche à balai, et a pris une fourche qui est dans un coin, à gauche; Pitou se cache sous l'échelle de droite.*)

BLÉSINET, *regardant autour de lui* (2). Eh ben! où est-il?.. il s'est sauvé!.. (*Jetant sa fourche*

1 Blé. Pit.

1 Pit. Blé.
2 Blé. Pit.

dans le coin à droite.) Il a ben fait !.. *(Passant à droite* (1). Je l'aurais cassé... comme je casse cette chaise !.. *(Il brise la chaise qui est à droite.)*

PITOU, *à part, se pelotonnant sous l'échelle.* Il voulait m' casser !..

BLÉSINET. Ah !.. il faut qu' je l' trouve !.. que je le tue !.. oui, ça sera le plus court !.. *(Il va à l'échelle de gauche et monte rapidement.)*

PITOU, *à part* (2). Ciel !.. où m' fourrer !.. *(Voyant un sac vide qui est sous le palier près du montant à gauche.)* Ah ! ce sac !.. *(Il entre précipitamment dans le sac et reste debout appuyé contre le montant.)*

BLÉSINET, *arrivé en haut de l'échelle et voyant Suzanne paraître sur le palier, à part.* C'est elle !.. oh !.. c'est drôle comme le cœur me bat !..

SCÈNE XVII.

BLÉSINET, PITOU, *dans le sac, sous le palier;* SUZANNE.

SUZANNE, *descendant l'échelle de droite, un petit paquet sous le bras, et voyant Blésinet, à part.* Le v'là !.. tant pis !.. ça m' f'ra d' la peine !.. mais comme ça peut m' guérir !..

BLÉSINET, *à part, sur le palier.* Oùs qu'elle va donc ?.. le rejoindre peut-être ?.. *(Il redescend vivement par l'échelle de gauche.)*

SUZANNE. Adieu, not' maître.

BLÉSINET, *allant à elle* (1). Adieu ? oùs que vous allez donc ?..

SUZANNE. J' sais pas.

BLÉSINET. Comment, vous n' savez pas ?..

SUZANNE. Non... mais j' m'en vas... j' quitte l' moulin...

BLÉSINET. Pourquoi qu' vous l' quittez ?

SUZANNE. Parc'que j' plairais p't-être pas à la nouvelle maîtresse... et puisque, si j' lui plaisais, ça s'rait p't-être la nouvelle maîtresse qui ne m' plairait pas...

BLÉSINET. La nouvelle maîtresse ?..

SUZANNE. Oui, celle-là qu' vous allez épouser...

BLÉSINET. Moi ?.. dites plutôt qu' vous n' voulez plus rester ici, parc'que vous êtes amoureuse !.. *(Passant devant elle.)* V'lan !..

SUZANNE, *venant à lui* (4). J' suis amoureuse, moi ?..

BLÉSINET. Pardine !.. c'est l' vieux berger qui m' l'a dit.

SUZANNE. Je n' savais pas .. mais c'est ben possible... parce que, d'puis qu'on m'a dit qu' vous allez vous marier... j' pleure... j'ai l' cœur gros... c'est p't-être c'tte maladie qu'on appelle l'amour... mais j' lui ai demandé tout à l'heure, au vieux berger, comment qu'on en guérissait... et y m'a répondu qu'on en guérissait queuquefois par l'absence... alors, c'est pour ça que j' quitte le moulin... adieu, not' maître !.. *(Elle fait quelques pas vers la gauche.)*

BLÉSINET, *venant se mettre devant elle* (1). J' veux pas qu' tu t'en ailles, moi !

SUZANNE. Puisque c'est pour me guérir !

BLÉSINET. Tu l'aimes donc ben, c' Pitou ?

SUZANNE, *étonnée.* Pitou ?..

BLÉSINET. Oui !..

SUZANNE. Pitou ?.. j' peux pas l' souffrir !

PITOU, *à part, dans le sac.* Qu'est-c' qu'y disent ?.. qu'est-c' qu'y disent ?..

BLÉSINET. Tu peux pas souffrir Pitou ?..

SUZANNE. C'est ma bête noire !

BLÉSINET. Voyons... voyons... c'est donc pas pour lui qu' tu t'en vas ?

SUZANNE. Pour Pitou ?.. mais non... j' m'en vas, parc' que vous vous mariez.

BLÉSINET. Mais alors, je n' me marierai pas !..

SUZANNE. Eh ben ! et c'tte Zerline qu' vous aimez ?.. *(Pitou s'est accroupi dans le sac et a fini par se coucher par terre tout de son long, en travers du théâtre, les pieds à gauche, la tête a droite.)*

BLÉSINET. Zerline !.. j' peux pas la souffrir !..

SUZANNE. Vous n' pouvez pas souffrir Zerline ?..

BLÉSINET. C'est mon cauchemar !..

SUZANNE. Et vous n' vous marierez pas avec elle ?..

BLÉSINET. Si tu n' te maries pas avec Pitou ?..

SUZANNE. Jamais de la vie !..

BLÉSINET. Quel bonheur !

SUZANNE, *jetant son paquet.* Je reste !..

BLÉSINET, *lui prenant les mains.* Ma p'tite Suzanne !

SUZANNE. Mon bon maître !..

BLÉSINET. Faut que j' t'embrasse !..

SUZANNE. J' veux ben !.. *(Ils s'embrassent.)*

PITOU, *à part, dans le sac.* Est-c' que ça n' va pas finir ?..

BLÉSINET. Ah ! c'est-y bon !..

SUZANNE. C'est vrai qu' ça fait plaisir !

BLÉSINET. Tout à l'heure j' pleurais... maint'nant, v'là que j' ris et que j' pleure !..

SUZANNE. C'est comme moi !..

BLÉSINET. Faut qu' ça soit c'tte maladie de l'amour.

SUZANNE. Oui, nous somm's p't-être ben malades !..

BLÉSINET. Eh ben ! j' l'aime assez, moi, c'tte maladie-là !.. viens nous asseoir.

PITOU, *à part, dans le sac.* Et l'autr' qui va v'nir !..

1 Pit. Blé.
2 Blé. Pit.
3 Pit. Blé. Suz.
4 Pit. Suz. Blé.

1 Pit. Blé. Suz.

SUZANNE, *regardant autour d'elle.* Y n'y a qu'un fauteuil.

BLÉSINET. Tiens! c'est vrai!.. j'ai cassé la chaise!.. (*Avisant le sac où est Pitou.*) Oh! une idée!..

SUZANNE. Quoi?..

BLÉSINET. Aide-moi à rouler ce sac.

SUZANNE. Tiens, oui, c'est une idée!.. (*Ils remontent derrière le sac et s'aidant de leurs pieds et de leurs mains, le roulent jusque sur l'avant-scène.*)

BLÉSINET. Sapeurguienne!.. comme il est lourd!.. qué qu'y a donc dedans?..

SUZANNE. Oh! rien d' bon, not' maître... c'est d' la vieille farine.

BLÉSINET. Alors on peut s'asseoir dessus... (*S'asseyant sur le sac.*) Viens t'asseoir là, à côté d' moi.

SUZANNE, *s'asseyant.* Avec plaisir!

BLÉSINET, *l'enlaçant d'un bras.* Oh! que j' suis donc ben! que j' suis donc ben!..

SUZANNE. Et moi donc!

PITOU, *à part, passant sa tête hors du sac, à droite* (1). Ouf!.. (*On voit sa figure toute blanche de farine.*)

BLÉSINET.

Air de *Raoul, sire de Créqui.*

Je crois que je comprends l'amour,
Car en ce jour
Mon cœur bat à son tour.
Je crois que je comprends l'amour,
Quand je suis près de toi, Suzanne,
Plus crâne,
Suzanne,
Je me crois dans les cieux!
Qu'on est heureux,
Quand on est deux,
Et quand on est bien amoureux! } *Bis.*

ENSEMBLE.

BLÉSINET.

Je crois que je comprends l'amour, etc.

SUZANNE.

Je crois que je comprends l'amour,
Car en ce jour
Mon cœur bat à son tour.
Je crois que je comprends l'amour,
Quoique je n' sois qu'une paysanne.
Suzanne (*Bis.*)
N' pourrait pas être mieux!
Qu'on est heureux, etc., etc.

PITOU, *à part.*

Au diable ce nouvel amour,
Qui, dans ce jour,
Me joue un mauvais tour!
Je m' damne,
Suzanne
Me fait un mal affreux.
Que c'est ennuyeux
D' porter comm' ça deux amoureux!

1 Suz. Blé. Pit.

SCÈNE XVIII.

LES MÊMES, LE PÈRE TOBY, ZERLINE, GARÇONS MEUNIERS, FILLES DU MOULIN.

(*Vers la fin du morceau précédent, le père Toby a paru sur le palier avec les garçons meuniers et les filles du moulin.— Zerline paraît à la porte de gauche.*)

LE PÈRE TOBY, *voyant Suzanne et Blésinet* (1). Bravo!..

ZERLINE, *de même.* Qu'est-ce que je vois là?.. (*Elle descend la scène.— Suzanne et Blésinet se lèvent.*)

LE PÈRE TOBY, *descendant par l'échelle de droite, aux garçons meuniers et aux filles* (2). Accourez, les enfants!.. (*Les garçons meuniers et les filles du moulin descendent par les deux échelles.*)

BLÉSINET, *venant derrière le sac.* Oui, accourez tous!.. (*Montant sur le sac et prenant Suzanne par la main.*) V'là ma p'tite femme!..

PITOU, *jetant un cri.* Aïe!.. (*Il se montre et se met à genoux à moitié sorti du sac.— Blésinet recule à droite, et Suzanne à gauche.*)

TOUS, *reculant.* Oh!..

CHŒUR.

Air : *L'amour, qué qu' c'est qu' ça!* (J. Nargeot.)
O ciel qué qu' c'est qu' ça?..

BLÉSINET.

Cet homme...
Comment s' trouv'-t-il là?..

CHŒUR.

Qu'est-c' que veut dire tout cela?

PITOU, *qu'on a aidé à sortir du sac, à part.*

J'ai grand' peur qu'on m'assomme!

LE PÈRE TOBY, *montrant Zerline.*

Il attendait là
La femm' que voilà!
(*Pitou passe près de Zerline.*)

ZERLINE (3).

Qui?.. moi?.. c'est une horreur!..

LE PÈRE TOBY, *passant entre Suzanne et Blésinet* (4).

Pourquoi nier, ma chère?
Et, s'il a su vous plaire,
Vous pouvez faire son bonheur!
Car ici,

1 Zer. Suz. Blé. Pit. Tob.
2 Zer. Suz. Pit. Blé.
3 Zer. Pit. Suz. Blé. Tob.
4 Zer. Pit. Suz. Tob. Blé.

Dieu merci,
Suzanne et Blésinet
Écoutent à merveille
L'amour qui les conseille.

(Prenant sous le bras Suzanne et Blésinet.)

Mes amis, en effet,
L'amour, c'était ça, je l' jure...
L'amour, c'était ça...
Conservez ce sentiment-là
Au fond d' votre âme pure,
Et, je vous le jure,
Votr' bonheur est là !

(Il fait passer Blésinet près de Suzanne; Zerline passe près de Pitou.)

CHŒUR (1).

L'amour, c'était ça, je l' jure, etc.

BLÉSINET, *au public.*

Air : *Maman ma dit souvent.* (Filleule à Nicot. — J. Nargeot.)

Messieurs, c'est un meunier,
Que vous connaissez, je pense;
Car j'appris mon métier...
Dans un moulin du quartier.
Dans le moulin du voisin,
Pour mon inexpérience
Vous étiez pleins d'indulgence,
Et l'eau venait au moulin.
Oh ! ne m'abandonnez pas,
Quand je change de demeure ;
Tous les soirs, à la même heure,
Vers ces lieux portez vos pas.
De moulin,
Sans chagrin,
Je change
Quand ça m'arrange :
Mais je veux, si je puis,
Ne jamais changer d'amis.

CHŒUR FINAL.

De moulin,
Sans chagrin,
Il change
Quand ça l'arrange;
Mais ici, j' suis d'avis
Qu'il ne change pas d'amis !

(1) Pit. Zer. Suz. Blé. Tob.

Avis à MM. les Directeurs de province.

Tous les airs employés dans cette pièce ont été choisis de manière à éviter toute espèce de réclamation de la part des compositeurs faisant partie de la Société Henrichs.

FIN.

LAGNY. — Imprimerie de VIALAT et Cie.

EN VENTE CHEZ LE MÊME ÉDITEUR :

L'Aïeule. 75
Un Monstre de Femme. 60
La Jeunesse de Charles-Quint. 60
Le Vicomte de Létorières. 60
Les Fées de Paris. 60
Pour mon fils. 60
Lucienne. 60
Les jolies Filles de Stilberg. 60
L'Enfant de Chœur. 60
Le Grand Palatin. 60
La Tante mal gardée. 60
Les Circonstances atténuantes. 60
La Chasse aux Vautours. 60
Les Batignollaises. 60
Une Femme sous les Scellés. 60
Les Aides de Camp. 60
Le Mari à l'essai. 60
Chez un Garçon. 60
Jakel's-Club. 60
Mérovée. 60
Les deux Couronnes. 60
Au Croissant d'Argent. 60
Le Château de la Roche-Noire. 60
Mon illustre ami. 60
Taine en congé. 60
L'Omelette Fantastique. 60
La Dragonne. 60
La Sœur de la Reine. 60
La Vendetta. 60
Le Poète. 60
Les Informations Conjugales. 60
Le Loup dans la Bergerie. 60
L'Hôtel de Rambouillet. 60
Les deux Impératrices. 60
La Caisse d'Épargne. 60
Thomas le Rageur. 60
Derrière l'Alcôve. 60
La Villa Duflot. 60
Féroline. 60
La Femme à la Mode. 60
Les égarements d'une Canne et d'un Parapluie. 60
Les deux Anes. 60
Foliquet, coiffeur de Dames. 60
L'Anneau d'Argent. 60
Recette contre l'Embonpoint. 60
Don Pascale. 60
Mademoiselle Déjazet au Sérail. 60
T[illegible]le le Cruel. 60
Hermance. 60
Les Canuts. 60
Entre Ciel et Terre. 60
La Fille de Figaro. 60
Métier et Quenouille. 60
Angélique et Médor. 60
Loïsa. 60
Jocrisse en Famille. 60
L'autre Part du Diable. 60
La Chasse aux Belles Filles. 60
La Salle d'Armes. 60
Une Femme compromise. 60
[illegible]. 60
Madame Roland. 60
L'[illegible] du [illegible]. 60
Les [illegible]. 60
Mariage du Gamin de Paris. 60
Veille du Mariage. 60
[illegible]. 60
Un Ménage Parisien. 1 »
La Boulangère. 60
[illegible]. 60
[illegible] Millionnaire. 60
Carlo et Carlin. 60
Le Moyen le plus sûr. 60
Le Pavillon Jaune et Bleu. 60
Le [illegible] en province. 60
Une Séparation. 60
Le roi [illegible]. 60
Frère [illegible]. 60
Nicaise à Paris. 60
Le Troubadour-Omnibus. 60
Un Mystère. 60
Le Billet de faire part. 60
[illegible]. 60
[illegible]. 60
La Sainte-[illegible]. 60
[illegible]. 60
Deux Filles à Marier. 60
Mon [illegible]. 60
A la Belle Étoile. 60

Un Ange tutélaire. 60
Un Jour de Liberté. 60
Wallace. 60
L'Écolier d'Oxford. 60
L'Oiseau du Bocage. 60
Paris à tous les Diables. 60
Une Averse. 60
Madame de Cérigny. 60
Le Fiacre et le Parapluie. 60
Morale en action. 60
Liberté Libertas. 60
L'Île du prince Toutou. 60
Mimi Pinson. 60
L'Article 170. 60
Les Viveurs. 60
Les deux Pierrots. 60
Seigneur des Broussailles. 60
Deux Tambours. 60
Constant la Girouette. 60
L'Amour dans tous les Quartiers de Paris. 60
Madame Bugolin. 60
Petit Poucet. 60
Camoëns. 60
Escadron volant de la Reine. 60
Le Lansquenet. 60
Une Voix. 60
Agnès Bernau. 60
Amours de M. et Mme Denis. 60
Porthos. 60
La Pêche aux Beaux-Pères. 60
Révolte des Marmousets. 60
Le Troisième Mari. 60
Un premier Souper de Louis XV. 60
L'Homme à la Mode. 60
Une Confidence. 60
Le Ménétrier. 60
L'Almanach des 25,000 Adresses. 60
Une Histoire de Voleurs. 60
Les Murs ont des Oreilles. 60
L'Enseignement Mutuel. 60
Le Charbonnier. 60
Le Code des Femmes. 60
On demande des Professeurs. 60
Le Pot aux Roses. 60
La Grande Bourse et les Petites Bourses. 60
L'Enfant de la Maison. 60
Riche d'Amour. 60
La Comtesse de Morangis. 60
L'Amazone. 60
La Gloire et le Pot-au-Feu. 60
Les Pommes de terre malades. 60
Le Marchand de Marrons. 60
V'là ce qui vient d'paraître. 60
La Loi salique. 60
Nuage au Ciel. 60
L'Eau et le Feu. 60
Beaugaillard. 60
Mardi Gras. 60
Le Retour du Conscrit. 60
Le Mar[illegible]. 60
[illegible] de Voyage à Paris. 60
Le [illegible] de Saint-[illegible] [illegible] Geneviève. 60
Mademoiselle ou Femme. 60
Mal du [illegible]. 60
[illegible]. 60
[illegible]. 1 »
[illegible]. 60
Un [illegible] de [illegible]. 60
[illegible]. 60
[illegible]. 60
[illegible]. 60
[illegible]. 60
Les [illegible]. 60
Une Fille [illegible]. 60
Le Plan [illegible] à Paris. 60
L'Homme qui se cherche. 60
Maître Jean. 60
Ne touchez pas à la Reine. 60
Une [illegible] à Paris. 60
[illegible] Montagne. 60
Amour et [illegible]. 60
En Carnaval. 60
[illegible] et [illegible]. 60
La Bourse d'[illegible] heures. 60
[illegible] de Biberach. 60
[illegible]. 60
Femme qui se jette par la fenêtre. 60

Avocat Pédicure. 60
Trois Paysans. 60
Chasse aux Jobards. 60
Mademoiselle Grabutot. 60
Père d'occasion. 60
Croquignole. 60
Henriette et Charlot. 60
Le Chevalier de Saint-Remy. 60
Malheureux comme un Nègre. 60
Un Vœu de jeune Fille. 60
Secours contre l'Incendie. 60
Chapeau Gris. 60
Sans Dot. 60
La Syrène du Luxembourg. 60
Homme Sanguin. 60
La Fille obéissante. 60
Tantale. 60
Deux Loups de Mer. 60
Oinès. 60
La Croisée de Berthe. 60
La Filleule à Nicot. 60
Les Charpentiers. 60
Mademoiselle Faribole. 60
Un Cheveu blond. 60
Les Impressions de Ménage. 60
L'Homme aux 160 Millions. 60
Pierrot Posthume. 60
La Déesse. 60
Une Existence décolorée. 60
Elle... ou la Mort! 60
Didier l'honnête Homme. 60
L'Enfant de quelqu'un. 60
Les Chroniques bretonnes. 60
Heydée ou le Secret. 1 »
L'Art de ne pas donner d'Étrennes. 60
Le Puff. 1 »
La Tireuse de Cartes. 60
La Nuit de Noël. 1 »
Christophe le Cordier. 60
La Rose de Provins. 60
Les Barricades de 1848. 60
84 Francs! ou sinon!.. 60
Le Fils du Matelot. 60
Les deux Pommades. 60
La Femme blasée. 60
Les Filles de la Liberté. 60
Hercule Belhomme. 60
Don Quichotte. 60
L'Académicien de Pontoise. 60
Ah! Louis! 60
La Marquise d'Aubray. 60
Le Gentilhomme campagnard. 60
Les Peureux. 60
Le Chevalier de Beauvoisin. 60
Le Gentilhomme de 1847. 60
La Rue Quincampoix. 60
L'Ange de ma Tante. 60
La République de Platon. 60
Le Club des Maris. 60
[illegible] XXVII. 60
Une Chaîne Anglaise. 60
Un Poète de la Mobile. 60
Histoire de rire. 60
Les vingt sous de Perrinette. 60
Le Serpent de la Paresse. 60
[illegible] le Dangereux. 60
Roger Bontemps. 60
L'Île de la Saint-Martin. 60
Jeanne la [illegible]. 1 »
Les [illegible]. 60
[illegible] les [illegible] Jacques. 60
Les [illegible] et le [illegible]. 60
[illegible] aux Diables d'Or. 60
[illegible] en [illegible]. 60
L'[illegible] de [illegible]. 60
La [illegible] et ses Baronnets. 60
Danaé. 1 »
Le Voyage de [illegible]. 60
Titine [illegible]. 60
Le baron de Castel-Sarrazin. 60
L'enfant [illegible] fils. 1 »
Le Gendre aux Épinards. 60
Ma[illegible] sous [illegible]. 60
La Reine d'Yvetot. 60
Les Manchettes d'un Vilain. 60
Le [illegible] aux Mouettes. 60
Les Filles [illegible]. 60
La Foire [illegible]. 60
Les [illegible] qui demandent au Roi. 60

Ce qui manque aux Grisettes. 60
La Poésie des Amours et... 60
Les Viveurs de la Maison-d'Or. 60
Un Troupier dans les Confitures. 60
Ma Tabatière. 60
Gracioso. 60
P. H. 60
Trompe-la-Balle. 60
Un Vendredi. 60
Le Gibier du Roi. 60
Regent-Street. 60
Adrienne Lecouvreur. 1 »
Sans le Vouloir. 60
Les Femmes socialistes. 60
Le Mobilier de Bamboche. 60
Les Beautés de la Cour. 60
La Famille. 60
L'Hurluberlu. 60
Un Cheveu pour deux têtes. 60
L'Ane à Baptiste. 60
Les Prodigalités de Bernerette. 60
Les Bourgeois des Métiers. 60
La Graine de Mousquetaires. 60
Les Faubourgs de Paris. 60
La Montagne qui accouche. 60
Le Juif-Errant. 60
Adrienne de Carotteville. 60
Un Socialiste en Province. 60
Le Marin de la Garde. 60
Une Femme qui a une jambe de bois. 60
Mauricette. 60
Une Semaine à Londres. 60
Le Cauchemar de son propriétaire. 60
Le Marquis de Carabas. 60
La Ligue des Amants. 60
Les Sept Billets. 60
Passe-temps de Duchesse. 60
Les Cascades de Saint-Cloud. 60
Lorettes et Aristos. 60
Les Compatriotes. 60
Un Tigre du Bengale. 60
Le Congrès de la Paix. 60
Les Représentants en vacances. 60
Les Grands Écoliers en vacances. 60
Un Intérieur comme il y en a tant! 60
Le Moulin Joli. 60
La Rue de l'Homme-Armé. 60
La Fée aux Roses. 1 »
Babet. 60
Un Lièvre en sevrage. 60
Evelyne. 60
Trousseau. 60
Mademoiselle Carillon. 60
L'Héritier du Czar. 60
Rhum. 60
Les Associés. 60
Les Fredaines de Troussard. 60
Les Partageux. 60
Daphnis et Chloé. 60
[illegible]. 60
La fin d'une République. 60
Les [illegible] de Saint-Jacques. 60
Paris [illegible]. 60
Un [illegible]. 60
Les [illegible] des [illegible]. 60
Les [illegible] du Sang[illegible]. 1 »
La [illegible]. 60
[illegible]. 60
Une [illegible]. 60
La R[illegible] des [illegible]. 60
Figaro [illegible]. 60
La [illegible] de T[illegible]. 60
Le [illegible]. 60
Le [illegible] du Diable. 1 »
Deux [illegible] Femmes. 60
La Marée de Poissy. 60
L'[illegible]. 60
Les Bas [illegible]. 60
Pompée [illegible]. 60
Héloïse et Abailard. 60
Une [illegible]. 60
A la Bastille. 60
Jean Bart. 60
Les [illegible] de dame Charlotte. 60
La [illegible] de Charité. 60
Un Fantôme. 60
Les Nuits du Roi. 60

SUITE DU CATALOGUE.

Titre	Prix
Les trois Racan.	60
Les Sociétés secrètes.	60
Le Chevalier de Servigny.	60
C'en était un.	60
Les trois Dondon.	60
Giralda.	1 »
La première chanson de Gallet.	60
Méphistophélès.	60
L'Alchimiste.	60
Le père Nourricier.	60
Grassot embêté par Ravel.	60
La Société du Doigt dans l'Œil.	60
L'Hôtesse de Saint-Eloy.	60
La Fille bien gardée.	60
Le Jour et la Nuit.	60
Plaisir et Charité.	60
Marié au second Garçon au cinquième.	60
Un Bal en robe de chambre	60
Né Coiffé.	60
Le Ménage de Rigolette.	60
Le Pont Cassé	60
Un Valet sans Livrée.	60
Le Paysan.	60
Charles le Téméraire.	60
L'Anneau de Salomon.	60
Supplice de Tantale.	60
Les Infidélités Conjugales.	60
Les Petits Moyens.	60
Les Escargots sympathiques.	60
La Grenouille du Régiment	60
Les Tentations d'Antoinette.	60
La baronne Bergamotte.	60
Les Extases de M. Hochenez.	60
Le Journal pour rire.	60
Le Renard et les Raisins.	50
La Belle au Bois dormant.	60
La Course aux Pommes d'Or.	60
Christian et Marguerite.	60
L'Avocat Loubet.	60
Royal-Tambour.	60
Mam'zelle fait ses dents.	60
Le vol à la Roulade.	60
La Fée Cocotte.	60
Mon ami Babolin.	60
Le Palais de Cristal.	60
Passiflor et Cactus.	60
Le Duel au Baiser.	60
Les Trois Ages des Variétés.	60
English Exhibition.	60
Blondette.	60
Histoire d'une Rose, et d'un Croquemort.	60
L'Agent secret.	60
Drinn-Drinn.	60
Une Paire de Pères.	60
Les Giboulées.	60
Un Monsieur qui n'a pas d'habit.	60
Mignon.	60
La Chasse aux Grisettes.	60
Voilà plaisir, Mesdames!	60
La Vénus à la Fraise.	60
Les deux Prud'hommes.	60
M. Barbe-Bleue.	60
Une Queue Rouge.	60
Le Pour et le Contre.	60
Le Puits mitoyen.	60
Trois Amours de Pompiers.	60
Les Bloomèristes ou la réforme des Jupons.	60
Le Laquais d'un nègre.	60
Los Dansoras espagnolas.	60
Madame Schlick.	60
Le Prince Ajax.	60
Les Enfants de la Balle.	60
L'Ami de la maison.	60
La Marquise de La Bretêche.	60
Une Veuve de 15 ans.	60
Une passion à la Vanille.	60
Un service à Blanchard.	60
L'Original et la Copie.	60
Une rivière dans le dos.	60
Cinq Gaillards dont deux Gaillardes.	60
Un Frère terrible.	60
Une Vengeance.	60
Une petite Fille de la Grande Armée.	60
La Fille d'Hoffmann.	60
Un soufflet n'est jamais perdu.	60
Les Femmes de Gavarni.	1 »
La Maîtresse d'été et la Maîtresse d'hiver.	60
Les Echelons du mari.	60
Les Néréides et les Cyclopes.	60
Poste restante.	60
Le Portier de sa Maison.	60
Les Compagnons d'Ulysse.	60
Le Roi des Drôles.	60
La Mère Moreau.	60
La Queue du Diable.	60
Le Bal de la Halle.	60
Méridien.	60
La première Maîtresse.	60
La Jolie Meunière.	60
La tante Ursule.	60
Mademoiselle de Navailles.	60
Prunes et Chinois.	60
Histoire d'une Femme mariée.	60
Les Mystères d'Udolphe.	1 »
Une Poule Mouillée.	60
Sullivan.	1 »
Taconnet.	60
Alice ou l'Ange du Foyer.	60
Marco Spada.	1 »
Tabarin.	60
Les Abeilles et les Violettes.	60
Le Lutin de la Vallée.	60
Le Baromètre des Amours.	60
Habitez donc votre Immeuble!	60
Le Miroir.	60
Richelieu.	1 »
On dira des bêtises.	60
Le Carnaval des Maris.	60
Un Festival.	60
Une jolie Jambe.	60
Le Voyage d'une Épingle.	60
Les Amours du Diable.	60
Les Postillons de Crèvecœur.	60
Les Orientales.	60

LAGNY. — Imprimerie de VIALAT et Cie.

www.ingramcontent.com/pod-product-compliance
Lightning Source LLC
LaVergne TN
LVHW020507230826
846091LV00008BA/3390

* 9 7 8 2 0 1 3 6 9 6 3 2 6 *